LORD HANUMAN BRAVE SAGA

GURU PRASAD SWAIN

Copyright © Guru Prasad Swain
All Rights Reserved.

This book has been self-published with all reasonable efforts taken to make the material error-free by the author. No part of this book shall be used, reproduced in any manner whatsoever without written permission from the author, except in the case of brief quotations embodied in critical articles and reviews.

The Author of this book is solely responsible and liable for its content including but not limited to the views, representations, descriptions, statements, information, opinions and references ["Content"]. The Content of this book shall not constitute or be construed or deemed to reflect the opinion or expression of the Publisher or Editor. Neither the Publisher nor Editor endorse or approve the Content of this book or guarantee the reliability, accuracy or completeness of the Content published herein and do not make any representations or warranties of any kind, express or implied, including but not limited to the implied warranties of merchantability, fitness for a particular purpose. The Publisher and Editor shall not be liable whatsoever for any errors, omissions, whether such errors or omissions result from negligence, accident, or any other cause or claims for loss or damages of any kind, including without limitation, indirect or consequential loss or damage arising out of use, inability to use, or about the reliability, accuracy or sufficiency of the information contained in this book.

Made with ❤ on the Notion Press Platform
www.notionpress.com

श्री हनुमान जी की वीरगाथा

हिंदू धर्म ग्रंथो के अनुसार श्री हनुमान जी का जन्म चैत्र मास के पूर्णिमा में मंगलवार के दिन हुआ था। हनुमान जी की माता का नाम अंजनी और पिता का नाम केसरी था। हनुमान जी को संकट मोचन और पवन पुत्र के नाम से भी पुकारा जाता हैं

भगवान श्री राम की पूजा आराधना करने से हनुमान जी प्रसन्न होते हैं वह भगवान श्री राम के भक्तो की हर पीड़ा को दूर करते हैं ऐसी मान्यता हैं कि जिस घर में भगवान श्री हनुमान की पूजा आराधना रोज होती हैं, उस घर में कोई भी नकारात्मक शक्तियों का वास नहीं होता हैं क्या आपको पता हैं कि भगवान श्री हनुमान का जन्म कैसे हुआ।

भगवान श्री हनुमान की जन्म कथा

एक बार भगवान इंद्र ऋषि दुर्वासा द्वारा आयोजित स्वर्ग में एक औपचारिक बैठक में भाग ले रहे थे। तब उस समय हर कोई एक गहन मंथन में डूबा था। पुंजिकस्थली नाम की एक अप्सरा अनजाने में उस बैठक में विघ्न पैदा कर रही थी। तभी ऋषि दुर्वासा ने उसे ऐसा नहीं करने को कहा। ऋषि दुर्वासा की कही गई बातो को उस अप्सरा ने अनसुना कर दिया। यह देख कर वो नाराज हो गए। तब ऋषि दुर्वासा ने उसे श्राप देते हुए कहा कि तुमने एक बंदर की तरह काम किया हैं इसलिए तुम उसी प्रकार एक बंदरिया बन जाओ। ऋषि दुर्वासा के शाप की बात सुनकर अप्सरा को अपनी गलती का एहसास हुआ और वो उनसे रोते हुए क्षमा मांगने लगी। अप्सरा ने ऋषि दुर्वासा से कहा कि कि हे ऋषि मुझे क्षमा कर दो मैं आपको परेशान करने के लिए यह काम नहीं कर रही थी। मुझे इस बात का तनिक भी अंदाजा नहीं था कि मेरी ऐसी मूर्खता का मुझे ऐसा परिणाम मिलेगा। ऋषि दुर्वासा ने उसकी विनम्र विनती को देखकर अप्सरा से कहा कि हे प्रिय तुम रो मत। अगले जन्म में तुम एक भगवान से शादी करोगी। लेकिन वह एक बंदर होगा और तुम्हारा जो पुत्र होगा वह बंदर ही होगा जो बहुत ही शक्तिशाली होगा र भगवान श्री राम का प्रिय भक्त होगा। यह सुनकर पुंजिकस्थली ने ऋषि दुर्वासा को नमस्कार करते हुए दिए गए श्राप को स्वीकार किया। तब माता अंजना का जन्म बंदर भगवान विराज से हुआ। जब माता अंजना विवाह योग्य हो गई तब उनकी शादी बंदर भगवान केसरी से हुई थी। इसके बाद माता अंजना अपने पति के साथ सुखी वैवाहिक जीवन व्यतीत करने लगी। अंजना और केसरी एक शांतिपूर्ण जीवन जी रहे थे। एक दिन शंखबल नामक जंगली हाथी ने अपना नियंत्रण खो दिया और हंगामा खड़ा कर दिया।

कई लोगों की इस हंगामे में जान चली गई। कितने ऋषि इस वजह से अपना अनुष्ठान पूरा नहीं कर सको। भगवान केसरी श्री शंखबल से बेहद प्रेम करते थे। भगवान केसरी ने अपने प्रिय हाथी को जब मार डाला तो वह बहुत शोक में डूब गए। यह देखकर संतो ने उन्हें यह वरदान दिया कि तुम्हारे घर एक बच्चा जन्म लेगा जो बहुत ही शक्तिशाली और हवा की शक्ति और गति के बराबर रहेगा। तब इस प्रकार भगवान केसरी के घर में माता अंजना ने भगवान श्री हनुमान को जन्म दिया। यही उनके जन्म की कहानी है, इसलिए उन्हें अहं हनुमानजी कलयुग के सबसे लोकप्रिय देव में से एक है। और पुरे भारत में पूजे जाते है। हनुमानजी को शक्तिशाली और कर्तव्य निष्ठ बताया गया है। महाकाव्य रामायण में भी उनका अपने प्रभु श्री राम के प्रति सेवा और भक्ति के प्रतिक के रूप में चित्रित किया गया है। हनुमानजी को भगवन शिव का अंश माना गया है। और वायु देव उनके पिता और अंजना उनकी माता के रूप में बताई गई है। कहा जाता है अंजना एक अप्सरा थी एक भूल वश ऋषि दुर्वासा ने उनको वानर बनने का श्राप दिया था। अंजना वानर राज गरिज की पुत्री बनी, और उनका विवाह सुमेरु पर्वत के वानर राज केसरी से हुवा। इसीलिए हनुमानजी को केसरी नंदन भी कहा जाता है।

हनुमानजी के जन्म की कहानी

कहा जाता है की राजा दशरथ ने अपने पुत्रो की प्राप्ति के लिए यग्न का आयोजन किया। और फिर यग्न में से एक फल निकिला उस फल को खाने से पुत्र की प्राप्ति होती ,तब तीनो रानियों ने उसमे से फल खाया और बाकि बचा हुवा फल एक पक्षी छीन के ले गया तब अंजना एक पर्वत पे टहलने निकिली और पुत्र प्राप्ति की लालसा कर रही थी। तब वह पक्षी उस पर्वत पर फल फेक के चला गया। तब वायु देव ने उस फल को उठाकर अंजना को दे दिया और फिर शिवजी प्रगट हुवे और उन्होने अंजना को निर्देश दिया के वह इस फल का उपभोग करो। ऐसा करके उन्होने हनुमान की कल्पना की। वही बचा हुवा फल कैकई के हाथ से पक्षी ने छिना था। अंजना ने वही फल का उपभोग करके हनुमानजी का जन्म हुवा था ,इसीलिए श्री राम हनुमानजी को भरत के समान भाई कहते थे।

जब हनुमानजी ने सूरूय को नगिलने की कोशिश की थी

एक बार हनुमानजी को भूख लगी ,उनको आस पास कुछ नहीं दिखा तो हनुमानजी ने सूरज को देखा ,हनुमानजी बाला अवस्था में थे ,उनको लगा यह एक फल ही है ,वह सूरज को नगिलने को नजदीक जा रहे थे ,जैसे जैसे नजदीक जा रहे थे वैसे वैसे अपना आकर भी बडा कर रहे थे। राहु का ध्यान पडा के कोई शक्ति सूरज के नजदीक आ रही है। उन्होने तुरंत इंद्र देव से सहायता मांगी ,तब इंद्र देव ने हनुमानजी को रुक ने को कहा ,हनुमानजी कहा मानने वाले थे, तब इंद्र ने

वज्र से हनुमानजी पर प्रहार कर दिया। हनुमानजी मूर्छित हो कर निचे गिर गए। यह बात हनुमानजी के पिता पवन देव को पता चली, पवन देव क्रोधित हो उठे। उन्होंने श्रृष्टि के वायु चक्र की गति को बंध दिया। अचानक से हवा रुक गई और जीवो का दम घुटने लगा, देवताओ को चिंता हुई की इस प्रकार वायु के थम जाने से तीनो लोको की गति रुक जाएगी।

हनुमानजी की शक्तिया

संकट के समाधान के लिए सारे देवता जाकर पवन देव से इंद्र की करि की क्षमा मांगने लगे। उनको शांत कर ने के लिए सभी देवताओ ने अपनी अपनी शक्तिया और वरदान देने लगे। जैसे ब्रह्मा ने अमरता का वरदान दिया और और कहा वे अपनी इच्छा से अपनी उपस्थिति बदल सकेंगे। सूर्यदेव ने कहा कि वह अपनी ऊर्जा और चमक का एक हिस्सा देंगे और जब चाहे उन्हें वेद का ज्ञान भी सिखाएंगे। वरुण ने कहा की वह लंबी उम्र के बावजूद वह पानी के प्रभाव से अप्रभावित रहेंगे। यम देवता ने कहा की उन्हें कभी यमयातना से डरना नहीं पड़ेगा। विश्वकर्मा ने उन्हें वरदान दिया के उनके द्वारा बनाये गए किसी भी शस्त्र से उन्हें कभी कोई आहत नहीं होगी। कुबेर ने उनकी गदा प्रदान की और युद्ध में विजिय बने रहने का आशीर्वाद दिया। इस प्रकार देवताओ द्वारा दी गई शक्तिओ से हनुमाजी धन्य धन्य हुए।

हनुमान को श्राप

इस प्रकार हनुमानजी थोड़े बड़े हुए, वह बड़े शरारती थे। वह जंगल में रहनेवाले ऋषिओ को बड़ा परेशान करते थे उनके नटखटपन से परेशान होकर एक ऋषि ने उनको श्राप दिया के वे अपनी सारी शक्तिओ को इसी क्षण भूल जाये। माता अंजनी को पता चला तो माता ने बालक की भूल का प्रश्चाताप किया और ऋषि से क्षमा मांगी तब ऋषि ने बताया की जब इस शक्ति की सबसे ज्यादा आवश्यकता होगी तब उसे कोई याद दिलाएगा तब उसे अपनी सारी शक्तिओ का स्मरण हो जायेगा।

सीता माता की खोज

जब श्री राम अपनी पत्नी सीता और भाई लक्ष्मण के साथ वन में थे, तो अपने पिता राजा दशरथ को अपनी सबसे छोटी रानी कैकेयी को दिए गए वरदान का पालन करने के लिए, तब सीता का अपहरण लंका के राक्षस-राजा रावण ने किया था। जरूरत के इस समय में हनुमानजी ने श्री राम और लक्ष्मण से मुलाकात की और उन्हें किष्किंधा के निर्वासित राजा सुग्रीव के पास ले गए। श्री राम की मदद से सुग्रीव ने अपने बड़े भाई बाली को मार डाला और

कशिकर्धा की गद्दी फिर से हासिल कर ली । इसके बदले में सुग्रीव ने श्री राम को सीता को खोजने में मदद का वचन दिया।

सीता को खोजने में श्री राम की सहायता करने के लिए सुग्रीव ने भालुओं और बंदरों की फौज उठाई। जब जटायु से पता चला कि रावण ने सीता का अपहरण कर लिया है, जिसका राज्य सागर के पार था तो सवाल उठ रहा था कि कौन सागर पार कर सकता है और सीता के समाचार और ठिकाने लेकर वापस आ सकता है। तब जाम्बावन, भालुओं के राजा ने हनुमान को अपनी विभिन्न शक्तियों की याद दिलाई, जिसे वह ऋषियों के श्राप के कारण भूल गए थे। तब हनुमानजी ने सागर के पार उड़ान भरी, लंका में सीता से मुलाकात की, राम की अंगूठी उन्हें दी और आश्वासन दिया कि राम अपने सैनिकों के साथ आएंगे और रावण को हराने के बाद उसे वापस ले जाएंगे। श्री राम को सीता माता का पता और हाल सुनाने वापस चल दिए।

हनुमान जी बूटी लेने गए

श्री राम की इच्छानुसार सागर के उस पार एक सेतु बनाया गया था और राम और रावण के बीच भयंकर युद्ध हुआ था। लड़ाई के दौरान लक्ष्मण मूर्च्छित हो गए। लक्ष्मण के इलाज के लिए आवश्यक एक विशिष्ट जड़ी बूटी (संजीवनी जदीबुती) लाने के लिए एक बार फिर हनुमान ने द्रोणाचल पर्वत की ओर उड़ान भरी। पहाड़ पर पहुंचने पर जब हनुमान को विशिष्ट जड़ी-बूटी नहीं मिल पाई तो उन्होंने पूरा पर्वत उठा लिया और वापस राम के लिए उड़ान भरी। रास्ते में श्री राम के भाई भरत को लगा के कोई आकाश मार्ग से विशाल काय दैत्य जा रहा है तो उन्होंने हनुमानजी पर बाण का प्रहार किया। लेकिन जब भरत को अपनी गलती का एहसास हुआ तो उन्होंने हनुमानजी से क्षमा मांगी और तुरंत जड़ीबूटी लेकर वापस भेज दिया। जहा हनुमानजी ने लक्ष्मण का सफल इलाज करने वाले वैद्य सुशाइन को जड़ी-बूटी पहुंचा दी।

हनुमान जी की परीक्षा

युद्ध खत्म होने के बाद राम वापस अयोध्या चल गए और राजभार सँभालने लगे, जंगल में रहने के दौरान उनकी मदद करने वाले हर व्यक्ति को उपयुक्त रूप से पुरस्कारित किया गया, लेकिन श्री राम ने जानबूझकर हनुमानजी को पुरस्कारित नहीं किया। इसके बाद माता सीता ने अपनी कीमती पत्थरों से जड़ी माला हनुमानजी को भेंट की, हनुमानजी ने उसे खुशी खुशी भेंट स्वीकार कर ली। जिन्होंने बड़ी कृतज्ञता के साथ स्वीकार किया। लेकिन कुछ समय बाद दरबारियों ने देखा कि हनुमानजी एक-एक करके अमूल्य पत्थरों को तोड़ रहे थे, दरबारियों ने यह हास्यास्पत कार्य का कारन पूछा। हनुमानजी ने कहा जिसमें राम नहीं हे, वह चीज मेरे

लिए बेकार है (हालांकि यह इस भौतिकवादी दुनिया में अमूल्य हो सकता है)। उनके इस जवाब से चढ़िकर दरबारियों ने उनसे पूछा कि क्या राम उनके दिल में रहते हैं? जब उन्हें सकारात्मक रूप से जवाब मिला तो उन्होंने हनुमान को इसे साबित करने के लिए कहा। हनुमान तुरंत अपने हाथों के नाखूनों से अपनी छाती चिर कर दिखाई और वहां दरबारियों ने प्रभु श्रीराम, माता सीता और अन्य भाइयों के साथ अपने दिल में बैठे दिखाया। दरबारी इस कार्य को देखकर हैरान रह गए। तब प्रभु श्री राम उसी वक्त अपने सिंहासन से खड़े हो गए और हनुमानजी को अपने हृदिय से लगा लिया। वहां बैठे सारे दरबारियों ने हनुमानजी की निस्वार्थ प्रेम और भक्ति की लोग सराहना करने लगे। कहा जाता है की जब तक लोगों के होठो पर 'राम' का नाम रहेगा तब तक हनुमानजी पृथ्वी पर जीवित रहेंगे और यह भी कहा जाता है की जहा जहा कलयुग में राम कथा होती है वहा स्वयं हनुमानजी बिराजमान रहते है।

जय बजरंग बली, जय हनुमान

जय || श्री राम ||जनी पुत्र और पवन पुत्र कहा जाता है "हे दुख भंजन, मारुति निंदन सुन लो मेरी पुकार, पवन सुत विनिती बारंबार।"

पवन पुत्र का नाम लेते ही सारे दुख दूर हो जाते है। उनका नाम सुनते ही सभी बुरी शक्तियां दूर भाग जाती है। कहते हैं कलयुग में सिर्फ प्रभु हनुमान ही सशरीर विद्यमान हैं, और जब तक इस धरती पर प्रभु राम का नाम रहेगा, तब तक राम भक्त हनुमान भी रहेंगे।

श्री हनुमान का जन्म

हनुमान का जन्म त्रेता युग के अंतिम चरण में चैत्र मास की पूर्णिमा के दिन हुआ था। सूर्य को समझ लिया लाल फल कहते है, एक बार जब वो केवल छ: माह के थे, उन्हें अत्यंत भूख लगी थी, माता अंजना जैसे ही बाहर भोजन लेने जाती है उनसे भूख बर्दाश्त नहीं होती है, और वो आकाश की तरफ देखते है, तो लाल फल जैसा गोल वस्तु (सूर्य) दिखाई पडता है, जिसे खाने वो आकाश में उड जाते है।

हनुमान नाम क्यों पडा?

जब बालक मारुति लाल सूर्य को खाने आकाश में पहुँचे, उस दिन अमावस्या का दिन था और राहु सूर्य को ग्रसने वाला था। लेकिन जब उसने देखा कि कोई और सूर्य को खाने जा रहा है, तो वह डर कर देवराज इंद्र के पास पहुँचा। इंद्र ने बालक को सूरज को खाने से मना किया, पर

वो कहां मानने वाले थे। तब गुस्से में आकर इंद्र ने मारुति पर अपने वज्र से प्रहार किया। जिससे उनकी ठुड्डी पर आघात लगा और वो मूर्छित होकर धरा पर गिर पड़े।

इंद्र के ऐसे दुस्साहस से पवन देव अत्यंत क्रोधित हुए और गुस्से में आकर पूरी धरती से वायु का संचार रोक दिया। समस्त संसार बिना वायु के विचलित हो उठा। ब्रह्मदेव ने आकर बालक मारुति को पुनर्जीवित किया और वायुदेव से अनुरोध किया कि वो संसार में पुनः वायु का संचार करें, अन्यथा समस्त संसार मृत्यु को प्राप्त हो जाएगा।

सबके आग्रह करने पर वायु देव मान गये और अपने पुत्र को वरदान दिया कि उनकी गति उनसे भी तेज होगी। साथ ही ब्रह्मदेव समेत सभी देवताओं ने उन्हें वरदान दिए। और इस तरह हनु अर्थात ठुड्डी पर चोट लगने के कारण उनका नाम 'हनुमान' पड़ा।

निष्कर्ष - हनुमान श्री राम के अनन्य भक्त थे। वो हर समय अपने प्रभु श्री राम और माता जानकी की सेवा के लिए तत्पर रहते थे। कहते हैं, जो भी जन प्रभु राम का नाम जपता है, उसे हनुमान जी की कृपा स्वतः मिल जाती है।

श्री हनुमान भगवान हनुमान को तीनों लोकों में सबसे शक्तिशाली भगवान माना जाता है। उन्हें विभिन्न नामों से जाना जाता है, उनमें से कुछ हैं- बजरंग बली, केशरी नंदन, पवन कुमार, मारुति, संकट मोचन आदि। भगवान हनुमान की शक्ति और भक्ति के कारण, लोग उनसे आशीर्वाद पाने और एक निस्वार्थ जीवन जीने के लिए पूजा-अर्चना करते हैं।

सबसे अधिक पूजित और स्मरणीय भगवान विशिष रूप से परेशानी या खतरे के समय में भगवान हनुमान सबसे ज्यादा याद किए जाते हैं। एक हिंदू के लिए यह बिल्कुल सामान्य है, चाहे वह कितना भी शक्षिपति क्यों न हो, संकट में, खतरे या भय से गुजरने पर सबसे पहले, जय हनुमान का ही नाम लेता है। हनुमान जी ने कभी भी भगवान होने का दावा नहीं किया है, अपितु खुद को 'त्रेता युग' में विष्णु के अवतार प्रभु श्रीराम के सबसे वफादार और समर्पित सेवक के रुप में वर्णित किया।

रुद्रावतार वीर हनुमान

कहा जाता है कि अंजना माता अपने पूर्व जन्म में शिव की महान भक्त थी, और कठोर तपस्या करके महादेव को प्रसन्न किया था। वरदान स्वरुप शिव को ही उनके पुत्र के रुप में जन्म लेने का वरदान मांगा था।

पवनपुत्र हनुमान

वरदान के फलस्वरुप भगवान भोलेनाथ के रुद्र अवतार ने अंजना के कोख से जन्म लिया। ऐसी भी किवदंतियां हैं कि उन्होंने इसके लिए पवन देव को चुना था और आंजनेय (हनुमान) का उत्तरदायित्व सौंपा था। पवनदेव ने ही शिव के अंश को अंजना की कोख में पहुँचाया था। इसी लिए हनुमान को पवनपुत्र भी कहते हैं।

बचपन में मिला श्राप

बचपन में हनुमान जी बहुत ज्यादा शरारत किया करते थे। हर वक्त मस्ती करते थे। साधु-संतो को भी बहुत परेशान करते थे और उनकी तपस्या आदि में विघ्न डाला करते थे, जिसिस क्रुध्द आकर एक ऋषि ने उन्हें श्राप दे दिया कि वो अपनी सारी शक्ति भूल जायेंगे, और जब कभी कोई उन्हें उनकी शक्ति याद दिलाएगा, तभी उन्हें याद आएगी।

इसी कारण जब माता सीता का पता लगाने लंका जाना था, तब जामवंत जी को उन्हें उनकी शक्ति को याद दिलाना पड़ा था। यह प्रहसन किष्किंधिाकांड और सुंदरकांड में मिलता है।

"राम काज लगि तव अवतारा"

अनेक देवताओं से मिला वरदान बालक मारुति बचपन से ही बहुत शरारती थे, जिस कारण उन पर एक बार देवराज ने वज्र प्रहार किया था। उसके बाद ब्रह्मदेव, महादेव, इंद्र देव आदि कई अमोघ वरदान दिए। इंद्र देवता ने आशीर्वाद दिया कि उनका शरीर वज्र की भांति हो जाए। तभी से प्रभु का नाम बजरंग बली पड़ गया। ब्रह्मदेव ने वरदान दिया कि वो चाहे जैसा रुप धारण कर सकते थे, सूक्ष्म से सूक्ष्म और विशाल से विशाल।

"सूक्ष्म रुप धरि सियिहि दिखिावा। विकिट रुप धरि लंक जरावा।।"

निष्कर्ष- श्री राम के अनन्य भक्त हैं, श्री हनुमान। उनकी भक्ति सभी के लिए अनुकरणीय है। श्री हनुमान को भक्त शिरोमणि भी कहा जाता है। कहते हैं, जहाँ भी श्री राम की वन्दना होती है वहाँ श्री हनुमान अवश्य मौजूद रहते हैं।

परिचय

हनुमान जी को हिन्दू देवी-देवताओं में प्रमुख स्थान प्राप्त है। उन्हें हनुमत, दुखभंजन, मारुतिनंदन आदि जैसे अन्य नामों से भी जाना जाता है। इनकी माता का नाम अंजना था, इस कारण हनुमान को आंजनेय (अर्थात अंजना का पुत्र) भी कहते है। इनके पिता का नाम केशरी था।

भक्ति के प्रतीक हनुमान एक ऐसे भगवान हैं, जिन्होंने विष्णु के अवतार राम की मदद की, अपनी पत्नी सीता को राक्षसराज रावण से बचाने में, और समाज में नायाब उदाहरण पेश किया। साथ ही भक्ति की शक्ति के प्रतीक बने। उन्हें शिव का अवतार भी माना जाता है, और चीनी पौराणिक चरित्र सूर्य वुकोंग का स्रोत भी माना गया है।

जन्म से जुड़े कई रहस्य हनुमान एक शापित अप्सरा पुंजिकिस्थला (अंजना) के पुत्र हैं, जिसे एक ऋषि से वानर कुल में जन्म लेने का श्राप मिला था। ऐसा भी कहा जाता है कि इस श्राप के कारण देवी अंजना, एक वानर महिला बन गईं थी। वह केसरी की पत्नी थी, जो एक "शक्तिशाली वानर राज" थे। जिन्होंने एक बार एक शक्तिशाली हाथी को मार गिराया था, जो ऋषि और अन्य जीवों को परेशान करता था। इसलिए उन्हें केसरी का नाम मिला, जिसका अर्थ सिंह होता है। और उन्हें कुंजारा सुदाना (हाथी हत्यारा) भी कहा जाता है।

ऐसी भी किंवदंती है कि जिब राजा दशरथ पुत्र प्राप्ति के लिए यज्ञ करवा रहे थे, तब उनके यज्ञ से अग्निदेव प्रसन्न होकर उन्हें स्वर्ण पात्र में खीर देते हैं और राजा दशरथ से उनकी तीनों रानियों को देने के लिए कहते हैं। जिससे उन्हें चार पुत्रों की प्राप्ति होगी। ऐसा कहते ही अग्निदेव अदृश्य हो जाते हैं। राजा दशरथ सबसे पहले माता कौशल्या को खीर खिलाते हैं, फिर माता सुमित्रा और सबसे अंत में माता कैकेयी को। जिस कारण माता कैकेयी रुठ जाती है। दूसरी ओर माता अंजना भी भगवान शिव की पुत्र प्राप्ति हेतु अंजन पर्वत पर तपस्या करती रहती हैं।

तभी उडता हुआ एक चील आता है, और कैकेयी के हाथ पर रखे पात्र से कुछ खीर उठाकर आकाश की ओर उड़ जाता है। और माता अंजना, जो अंजन पर्वत पर तपस्या में लीन रहती हैं, उनके हाथों में गिरा देता है। और माता अंजना उसे शिव शंकर का आशीर्वाद समझ कर ग्रहण कर लेती हैं।

दरअसल वो चील कोई सामान्य चील नहीं रहता है, बल्कि माता अंजना की तपस्या से खुश होकर भगवान शिव ने ही उसे ऐसा करने के लिए भेजा रहता है।

खीर खाकर जहाँ राजा दशरथ की तीनों रानियां गर्भवती होती हैं, और श्रीराम, लक्ष्मण, भरत, शत्रुघ्न का जन्म होता है, वहीं माता अंजना वीर हनुमान को जन्म देती हैं।

रामलीला के प्रमुख पात्र

बिना हनुमान के पूरी रामलीला अधूरी मानी जाती है। जैसा कि स्पष्ट है, हनुमान भारत में होने वाली रामलीलाओं का एक अभिन्न अंग हैं। रामलीला रामायण या रामचरितमानस की कहानी का एक नाटकीय रूपान्तरण है। इनका मंचन ज्यादातर दशहरा के शुभ समय के दौरान किया जाता है।

हनुमान जयंती - इस त्यौहार के अलावा, एक और महत्वपूर्ण अवसर हनुमान जयंती है जो भगवान हनुमान के जन्मदिन पर मनाया जाता है। यह त्यौहार चैत्र (मार्च-अप्रैल) के महीने में मनाया जाता है और केरल और तमिलनाडु जैसे स्थानों में, यह दिसंबर-जनवरी के महीने में मनाया जाता है। इस त्यौहार में हनुमान भक्त सूर्योदय से पहले ही मंदिरों में जमा हो जाते हैं और फिर वे दिन भर आध्यात्मिक स्मृतियों और बुराई पर अच्छाई की जीत के बारे में तथा रामकथा पर परिचर्चा करते हैं।

निष्कर्ष - आज भी, हनुमान चालीसा सभी को अच्छी तरह से ज्ञात और याद होता है और किसी भी परेशानी का सामना करने पर सबसे पहली चीज यही होती है कि हम सभी हनुमान चालीसा का पाठ करने लगते हैं, और हमारा डर दूर भी हो जाता है।

तो अगली बार जब आप किसी तरह की समस्या में हों, तो आप जानते हैं कि किस भगवान को बुलाना है।

"जय हनुमान ज्ञान गुन सागर, जय कपीस तिहुं लोक उजागर।।" हिंदू धर्म के पूजनीय देवताओं में से एक हैं भगवान हनुमान जी, उनके जीवन से जुड़े कुछ ऐसे रहस्य हैं जिनसे आप सभी अंजान होंगे। भगवान हनुमान हिंदू धर्म में सबसे अधिक पूजे जाने वाले देवताओं में से एक हैं। उन्हें उनके साहस, शक्ति और उनकी सुरक्षा की दिव्यता के लिए माना जाता है। उनकी पौराणिक कथाओं का वर्णन रामायण में विस्तार से मिलता है और उनकी भूमिका सम्पूर्ण रामायण प्रसंग में मुख्य थी। उनके बारे में प्रचलित मान्यताओं में उनकी श्री राम के प्रति अटूट भक्ति, श्रद्धा भावना, उनकी बचपन की शरारतें और माता सीता को खोजने में प्रभु श्री राम की सहायता करना मुख्य रूप से वर्णित है। सिर्फ रामायण ही नहीं बल्कि महाभारत और अन्य पुराणों में भी हनुमान जी की भक्ति का वर्णन किया गया है। ऐसी मान्यता है कि उनका

जन्म चैत्र महीने के शुक्ल पक्ष की पूर्णिमा तिथि को हुआ था, इसलिए इसी दिन हनुमान जयंती मनाई जाती है। हनुमान जी को पवनसुत, केसरी नंदन, बजरंगबली जैसे कई नामो से भी जाना जाता है। आइए जाने उनके जीवन से जुड़ी कुछ ऐसी बातो के बारे में जिनसे शायद आप सभी अंजान होगे।

हनुमान जी भगवान शिव के अवतार थे

पौराणिक कथाओ में इस बात का जिक्र है कि केसरी और अंजना के पुत्र, थे लेकिन वास्तविकता यह भी है कि वो भगवान शिव का अवतार थे और उन्हें शिव जी के अंश के रूप में भी पूजा जाता है। हनुमान जी को पवन पुत्र के रूप में भी जाना जाता है। ऐसा माना जाता है कि जब भगवान विष्णु ने पृथ्वी पर राम अवतार लिया तब भगवान शिव ने उनके साथ रहने के लिए पृथ्वी पर हनुमान रूप में अवतार लिया। हनुमान जी का नाम जन्म के समय हनुमान नहीं था बल्कि एक बार उन्होंने सूर्य को कोई मीठा फल समझकर निगल लिया था। तब इंद्रा ने सूर्य को मुक्त करने के लिए वज्र प्रहार किया और उनका जबड़ा सूज गया। तभी से उनका नाम हनुमान पड़ा क्योंकि हनुमान संस्कृत के हनुमत शब्द से बना है। हनुमत एक शब्द और एक प्रत्यय का जोड़ है। हनु या हनू का अर्थ है जबड़ा और मत प्रत्यय बन जाती है तो, हनुमान का अर्थ है वह जिसका जबड़ा सूज गया हो या विकृत हो गया हो।

भगवान हनुमान के पांच भाई थे

ब्रह्माण्ड पुराण श्लोक 223 - 227 में कहा गया है कि अंजना और केसरी के कुल पांच पुत्र थे जिनमें से हनुमान सबसे बड़े थे। भगवान हनुमान के भाई-बहनो के जन्म के क्रम में उनके नाम मतिमान, श्रुतिमान, केतुमान और दृष्टिमान है। महाभारत काल में पांडु और कुंती पुत्र भीम को भी हनुमान जी का भाई कहा गया है।

हनुमान जी की मूर्ति का रंग लाल या नारंगी क्यों होता है

इसकी एक पौराणिक कथा के अनुसार एक बार भगवान हनुमान ने सीता जी को माथे पर सिंदूर लगाते हुए देखा और पूछा कि यह उनके दैनिक अनुष्ठानो का हिस्सा क्यों है। तब सीता ने हनुमान को समझाया कि सिंदूर श्रीराम की लंबी उम्र, उनके पति के प्रति उनके प्रेम और सम्मान का प्रतिनिधि है। श्री राम के प्रति निष्ठावान भक्ति की वजह से हनुमान जी ने अपने पूरे शरीर को इस सिंदूर से लेपन का निर्णय लिया और हनुमान जी को सिंदूर से रंगा देखकर उनकी भक्ति से प्रभावित होकर भगवान श्री राम ने वरदान दिया कि जो लोग

भविष्य में सिंदूर से हनुमान जी की पूजा करेंगे, उनकी सारी कठिनाइयां दूर हो जाएंगी और यही कारण है कि मंदिर में आज भी हनुमान जी की मूर्ति सिंदूर से रंगी होती है।

ब्रह्मचारी हनुमान जी का एक पुत्र मकरध्वज था

भगवान हनुमान एक ब्रह्मचारी के रूप में जाने जाते हैं फिर भी उन्होंने मकरध्वज नाम के एक पुत्र को जन्म दिया। कहा जाता है कि अपनी अग्निमय पूंछ से लंका को जलाने के बाद उन्होंने अपनी पूंछ को ठंडा करने के लिए समुद्र में डुबो दिया। उस समय उनके शरीर का पसीना एक मछली ने निगल लिया और उसी मछली से मकरध्वज का जन्म हुआ।

रामायण ही नहीं महाभारत में भी थी हनुमान जी की उपस्थिति

पौराणिक कथाओं के अनुसार हनुमान जी की उपस्थिति राम के समय में यानी रामायण काल में मौजूद थी। लेकिन शायद ही किसी को ये ज्ञात हो कि हनुमान जी अर्जुन के रथ पर अपने चित्रित ध्वज के रूप में कुरुक्षेत्र के युद्ध के मैदान में भी उपस्थित थे। ऐसा उन्होंने भगवान कृष्ण की श्रद्धा के रूप में किया था। भगवान कृष्ण भी विष्णु जी का दसवां अवतार थे और इसी वजह से हनुमान जी उनके साथ उपस्थित थे। हनुमान जी की उपस्थिति ने कुरुक्षेत्र युद्ध में रथ और उसके निवासियों को सुरक्षा प्रदान की और जैसे ही युद्ध में विजय मिली हनुमान जी वापस अपने मूल रूप में आ गए।

क्यों रखा पंचमुखी हनुमान का रूप

ऐसा कहा जाता है कि भगवान हनुमान ने राम (भगवान राम से जड़े कुछ सवाल)और लक्ष्मण का अपहरण करने वाले पाताल के राक्षस राजा को मारने के लिए पंचमुखी हनुमान का रूप धारण किया था। हनुमान को इस बात का पता लगा कि अहिरावण को मारने के लिए उनको एक ही समय में पांच दीपकों को बुझाने की जरूरत है क्योंकि उनके भीतर राक्षस राजा की आत्मा रहती है। इसलिए भगवान हनुमान पांच सिरों में रूपांतरित हो गए। पंचमुखी हनुमान के रूप में केंद्र में हनुमान जी मौजूद थे। दक्षिण में नरसिम्हा जी थे जो शेर के रूप में थे, पश्चिम में गरुड़ जी, उत्तर में सुअर का सिर और आकाश के सामने एक घोड़े का सिर था। भगवान हनुमान अमर ह, हिंदू ग्रंथों में आठ चिरंजीवियों का उल्लेख है और भगवान हनुमान उनमें से एक हैं ऐसा कहा जाता है कि वह कलयुग के अंत तक श्री राम के नाम और कहानियों का जाप करते हुए इस धरती पर चलेंगे। हनुमान जी को इस युग में भी पूजनीय माना जाता है और उन्हें अमर मानते हुए ही उनकी पूजा की जाती है।

वास्तव में भगवान हनुमान के जीवन से जुड़े ये कुछ ऐसे रहस्य हैं जिनसे आप सभी शायद अंजान होंगे। अगर आपको यह लेख अच्छा लगा हो तो इसे शेयर जरूर करें व इसी तरह के अन्य लेख पढ़ने के लिए जुड़ी रहें आपकी अपनी वेबसाइट हरजिन्दगी के साथ। संकटमोचन हनुमान को कौन नहीं जानता, भक्तों के हर कष्ट को बस नाम लेने से ही हर लेते हैं प्रभु, राम भक्त हनुमान को महाबली माना गया है जो अजर-अमर हैं.

11 हनुमान जी का पांच मुख वाला विराट रूप यानी पंचमुखी अवतार पांच दिशाओं का प्रतिनिधित्व करता है। प्रत्येक स्वरूप में एक मुख, त्रिनित्र और दो भुजाएं हैं इन पांच मुखों में नरसिंह, गरुड़, अश्व, वानर और वराह रूप हैं इनके पांच गुख क्रमश: पूर्व, पश्चिम, उत्तर, दक्षिणि और ऊर्ध्व दिशा में प्रधान माने जाते हैं पूर्व की तरफ जो मुंह है उसे वानर कहा गया है जिसकी चमक सैकड़ों सूर्यों के वैभव के समान है। इस मुख का पूजन करने से शत्रुओं पर विजिय पाई जा सकती है। हनुमान जी का पंचमुखी अवतार क्या है? सभी मनोकामनाओं की पूर्ति करते हैं हनुमान

हनुमान जी का पांच मुख वाला विराट रूप यानी पंचमुखी अवतार पांच दिशाओं का प्रतिनिधित्व करता है। प्रत्येक स्वरूप में एक मुख, त्रिनित्र और दो भुजाएं हैं इन पांच मुखों में नरसिंह, गरुड़, अश्व, वानर और वराह रूप हैं इनके पांच मुख क्रमश: पूर्व, पश्चिमि, उत्तर, दक्षिणि और ऊर्ध्व दिशा में प्रधान माने जाते हैं पूर्व की तरफ जो मुंह है उसे वानर कहा गया है जिसकी चमक सैकड़ों सूर्यों के वैभव के समान है। इस मुख का पूजन करने से शत्रुओं पर विजिय पाई जा सकती है। रामायण के मुताबिक श्री हनुमान का विराट स्वरूप पांच मुख पांच दिशाओं में है। हर रूप एक मुख वाला, त्रिनित्रधारी यानि तीन आंखों और दो भुजाओं वाला है। यह पांच मुख नरसिंह, गरुड़, अश्व, वानर और वराह रूप है। हनुमान के पांच मुख क्रमश: पूर्व, पश्चिमि, उत्तर, दक्षिणि और ऊर्ध्व दिशा में प्रतिष्ठित माने गए हैं पौराणिक मान्यता के मुताबिक पंचमुखी हनुमान का अवतार भक्तों का कल्याण करने के लिए हुआ है हनुमान के पांच मुख क्रमश: पूर्व, पश्चिमि, उत्तर, दक्षिणि और ऊर्ध्व दिशा में प्रतिष्ठित हैं पंचमुखी हनुमानजी का अवतार मार्गशीर्ष कृष्णाष्टमी को माना जाता है। रुद्र के अवतार हनुमान ऊर्जा के प्रतीक माने जाते हैं इसकी आराधना से बल, कीर्ति, आरोग्य और निर्भीकता बढती है।

पंचमुख हनुमान के पूर्व की ओर का मुख वानर का है जिसकी प्रभा करोड़ों सूर्यों के तेज समान है। पूर्व मुख वाले हनुमान का पूजन करने से समस्त शत्रुओं का नाश हो जाता है। पश्चिमि दिशा वाला मुख गरुड़ का है जो भक्तप्रिद, संकट, विघ्न-बाधा निवारक माने जाते हैं गरुड़ की

तरह हनुमानजी भी अजर-अमर माने जाते हैं। हनुमानजी का उत्तर की ओर मुख शूकर का है और इनकी आराधना करने से अपार धन-सम्पत्ति,ऐश्वर्य, यश, दरिद्धाय प्रदान करने वाल व उत्तम स्वास्थ्य देने में समर्थ हैं। हनुमानजी का दक्षिणमुखी स्वरूप भगवान नृसिंह का है जो भक्तों के भय, चिंता, परेशानी को दूर करता है।

हनुमान जी इन्हें सभी युगों का मालिक माना जाता है, फिर चाहे वो सतयुग हो या द्वापरयुग। लेकिन कभी सोचा है कि हनुमान जी पंचमुखी कैसे बने, हनुमान जी के पंचमुखी रूप के पीछे भी एक कहानी है। आईए जानते हैं वो पूरी कहानी।

अहिरावण जिसे रावण का मायावी भाई माना जाता था, जब रावण परास्त होने कि स्थिति में था, तब उसने अपने मायावी भाई का सहारा लिया और रामजी की सेना को निद्रा में डाल दिया। इस पर जब हनुमान जी राम और लक्ष्मण को पाताल लोक लेने गए तो उनकी भेंट उनके मकरपुत्र से हुई। मकर पुत्र को परास्त करने के बाद उन्हें पाताल लोक में 5 जले हुए दिए दिखे, जिसे बुझाने पर अहिरावण का नाश होना था। इस स्थिति में हनुमान जी ने, उत्तर दिशा में वराह मुख, दक्षिण दिशा में नरसिंह मुख, पश्चिम में गरुड़ मुख, आकाश की तरफ हयग्रीव मुख एवं पूर्व दिशा में हनुमान मुख। इस रूप को धरकर उन्होंने वे पांचो दीप बुझाए तथा अहिरावण का वध कर राम,लक्ष्मण को उस से मुक्त किया। इस प्रकार हनुमान जी को पंचमुखी कहलाया जाने लगा। श्री

श्री हनुमान चालसिा

दोहा-

श्रीगुरु चरन सरोज रज, नजिमन मुकुरु सुधारा।

आपको दे सकती हैं कंप्लीट

बरनउँ रघुबर बिमल जसु, जो दायक फल चारि।। बुद्धिहीन तनु जानिकै, सुमिरौं पवन-कुमार।
बल बुद्धि बिद्या देहु मोहिं, हरहु कलेस बिकार।।

चौपाई-

जय हनुमान ज्ञान गुन सागर।

जय कपीस तिहुं लोक उजागर।।

राम दूत अतुलित बल धामा।

अंजनि-पुत्र पवनसुत नामा।।

महाबीर बिक्रम बजरंगी।

कुमति निवार सुमति के संगी।।

कंचन बरन बिराज सुबेसा।

कानन कुण्डल कुँचित केसा।।

हाथ बज्र औ ध्वजा बिराजै।

कांधे मूंज जनेउ साजै।।

शंकर सुवन केसरी नंदन।

तेज प्रताप महा जग वंदन।।

बिद्यावान गुनी अति चातुर।

राम काज करिबे को आतुर।।

प्रभु चरित्र सुनिबे को रसिया।

राम लखन सीता मन बसिया।।

सूक्ष्म रूप धरि सियहिं दिखावा।

बकिट रूप धरि लंक जरावा।।

भीम रूप धरि असुर संहारो।

रामचन्द्र के काज संवारो।।

लाय सजीवन लखन जियायो।

श्री रघुबीर हरषि उर लायो।

रघुपति कीन्ही बहुत बडा़ई।

तुम मम प्रिय भरतहि सम भाई।।

सहस बदन तुम्हरो जस गावौं।

अस कहि श्रीपति कण्ठ लगावौं।

सनकादिक ब्रह्मादि मुनीसा।

नारद सारद सहित अहीसा।।

जम कुबेर दिगपाल जहां ते।

कबि कोबिद कहि सके कहां ते।

तुम उपकार सुग्रीवहि कीन्हा।

राम मिलाय राज पद दीन्हा।।

तुम्हरो मंत्र बभीषन माना।

लंकेश्वर भए सब जग जाना।।

जुग सहस्र जोजन पर भानु।

लील्यो ताहि मधुर फल जानू।।

प्रभु मुद्रिका मेलि मुख माहीं।

जलधि लाँघि गयें अचरज नाहीं।।

दुर्गम काज जगत के जेते।

सुगम अनुग्रह तुम्हरे तेते।।

राम दुआरे तुम रखवारे।

होत न आज्ञा बिनु पैसारे।।

सब सुख लहैं तुम्हारी सरना।

तुम रच्छक काहू को डर ना।।

आपन तेज सम्हारो आपै।

तीनों लोक हाँक तें कांपै।।

भूत पिसाच निकट नहिं आवै।

महाबीर जब नाम सुनावै।।

नासै रोग हरे सब पीरा।

जपत निरन्तर हनुमत बीरा।।

संकट तें हनुमान छुड़ावै।

मन क्रम बचन ध्यान जो लावै।।

सब पर राम तपस्वी राजा।

तिन के काज सकल तुम साजा।।

और मनोरथ जो कोई लावै।

सोई अमित जीवन फल पावै।।

चारों जुग परताप तुम्हारा।

है परसिद्धि जगत उजियारा।।

साधु संत के तुम रखवारे।

असुर निकन्दन राम दुलारे।।

अष्टसिद्धि नौ निधि के दाता।

अस बर दीन जानकी माता।।

राम रसायन तुम्हरे पासा।

सदा रहो रघुपति के दासा।।

तुह्मरे भजन राम को पावै।

जनम जनम के दुख बिसरावै।।

अंत काल रघुबर पुर जाई।

जहां जन्म हरिभक्त कहाई।।

और देवता चित्त न धरई।

हनुमत सेइ सर्ब सुख करई।।

सङ्कट कटै मिटै सब पीरा।

जो सुमिरै हनुमत बलबीरा।।

जय जय जय हनुमान गोसाईं।

कृपा करहु गुरुदेव की नाईं।।

जो सत बार पाठ कर कोई।

छूटहि बन्दि महा सुख होई।।

जो यह पढ़ै हनुमान चालीसा।

होय सिद्धि साखी गौरीसा।।

तुलसीदास सदा हरि चेरा।

कीजै नाथ हृदय महं डेरा।।

दोहा-

पवनतनय संकट हरन, मंगल मूरति रूप।

राम लखन सीता सहित, हृदय बसहु सुर भूप।।

जय श्रीराम, जय हनुमान, जय हनुमान। किंवदंती हैं कि, 'गोस्वामी तुलसीदास जी को हनुमानचालीसा लिखने की प्रेरणा मुगल सम्राट अकबर की कैद से मिला था।' हुआ यूं कि एक बार जब मुगल सम्राट अकबर ने गोस्वामी तुलसीदास जी को शाही दरबार में बुलाया।

तब तुलसीदास की मुलाकात अब्दुल रहीम खान-ए-खाना और टोडर मल से हुई। उन्होंने काफी देर तक उनसे बातचीत की। वह अकबर की प्रशंसा में कुछ ग्रंथ लिखवाना चाहते थे लेकिन तुलसीदास जी ने मना कर दिया। तब अकबर ने उन्हें कैद कर लिया।

फतेहरपुर सीकरी में तुलसीदास जी करीब 40 दिनों तक कैद रहे। जहां वह कैद थे, वह क्षेत्र बंदरों से घिरा हुआ था। बंदरों ने महल परिसर में प्रवेश किया और वहां मौजूद अकबर के

सैनिकों को चोट पहुंचाने लगे। जब यह बात अकबर को पता चली तो उसने तुलसीदास को रिहा करने का आदेश दिया। इस पूरे घटनाक्रम के होने के बाद तुलसीदास जी काफी प्ररेति हुए और इस तरह उन्होंने हनुमान चालीसा रचति की

धन्यवाद

समाप्त

Contents

www.ingramcontent.com/pod-product-compliance
Lightning Source LLC
Chambersburg PA
CBHW070740160726
48003CB00006BA/2573

this book is for those who love the lord hanuman. un this i have added the unknown facts and the story of lord hanuman. i am really sure that you will love this book.

Perry Dantes
The Mystery Healer